BARREAU DE LYON

DE LA

PROTECTION DES ENFANTS

Moralement abandonnés

Etude de la Loi du 24 Juillet 1889

Par Claudius ANGLOIS

AVOCAT A LA COUR D'APPEL DE LYON

DISCOURS

Prononcé à l'ouverture de la Conférence des Avocats stagiaires

Le 14 Décembre 1891

LYON

IMPRIMERIE MOUGIN-RUSAND

3, Rue Stella, 3

1891

DE LA PROTECTION DES ENFANTS

MORALEMENT ABANDONNÉS

Etude de la Loi du 24 Juillet 1889

DE LA
PROTECTION DES ENFANTS
Moralement abandonnés

Étude de la Loi du 24 Juillet 1889

Par Claudius ANGLOIS
Avocat a la Cour d'Appel de Lyon

DISCOURS

Prononcé à l'ouverture de la Conférence des Avocats stagiaires

Le 14 Décembre 1891

LYON

IMPRIMERIE MOUGIN-RUSAND

3, Rue Stella, 3

1891

DE LA PROTECTION DES ENFANTS

Moralement abandonnés

Etude de la Loi du 24 Juillet 1889

Par Claudius ANGLOIS

AVOCAT A LA COUR D'APPEL DE LYON

DISCOURS

Prononcé à l'ouverture de la Conférence des Avocats stagiaires, le 14 décembre 1891

Monsieur le Batonnier,

Mes chers Confrères,

Ce n'est point sans un sentiment de vive appréhension que j'avais accepté la mission flatteuse dont votre bienveillance avait bien voulu me charger. Et bientôt ce sentiment s'est traduit par des hésitations sans nombre pour choisir un sujet qui pût vous intéresser et retenir quelques instants votre attention.

Les conseils précieux de M. le Bâtonnier, l'obligeance de quelques-uns de mes confrères qui m'aidèrent dans mes recherches, relevèrent un peu mon courage. Mon choix était presque fixé: la communication que me fit si gracieusement Mᵉ Corbières des documents qu'il avait réunis pour la préparation de sa thèse en doctorat finit de me décider.

Je pris pour sujet : l'étude de la loi du 24 juillet 1889, sur la protection des enfants maltraités ou moralement abandonnés.

Cette loi, très récente, n'avait pas encore été commentée et les applications pratiques qui en avaient été faites étaient peu nombreuses. Son étude présentait donc un attrait d'actualité et de nouveauté. Mais en plus elle avait pour vous un intérêt tout particulier. Vous n'ignorez point, en effet, que depuis longtemps on s'est préoccupé à Lyon du sort de l'enfance malheureuse; qu'au lendemain même du vote de la loi une Société était fondée dans notre ville sous le titre de : Société lyonnaise pour le sauvetage de l'Enfance. Vous savez enfin que cette création nouvelle de la charité et du dévouement est en grande partie l'œuvre d'un de nos confrères qu'il est inutile de vous désigner davantage. Ce sont là, Messieurs, les raisons qui ont guidé mon choix et j'espère que vous voudrez bien, en considération des sentiments qui m'ont inspiré, m'accorder toute votre indulgence.

Il semble que de tout temps la Société a dû s'occuper de l'enfance malheureuse et accorder aux mineurs abandonnés ou maltraités par leurs parents la protection à laquelle ils avaient droit. L'Etat doit protéger les faibles et c'est une idée de haute morale de voir en lui dans la plus large acception du mot, un père de famille.

Cependant, en France, jusqu'en 1889, les seules catégories d'enfants dont se soient occupées les Administrations d'Assistance publique étaient celles déterminées par le décret du 19 janvier 1811 : les orphelins pauvres, les abandonnés, et, depuis 1838, les enfants secourus chez leurs mères pour éviter leur abandon. Encore faut-il remarquer qu'en vertu d'une jurisprudence constante, les enfants légitimes ne pouvaient être admis au nombre des enfants assistés, et que la plupart des départements refusaient d'accepter la charge des enfants de plus de douze ans. Quant aux enfants légitimes ou naturels que la maladie, la disparition momentanée ou définitive de leurs parents et plus souvent encore la négligence et les vices de ceux-ci laissent sur le pavé de nos villes, en proie à la misère et à son fatal cortège de conséquences, le législateur ne s'en occupait pas. Qui donc eût osé porter une main sacrilège sur la puissance paternelle? Partout où il y avait des parents, l'Etat ne pouvait intervenir. Il pouvait protéger les enfants à défaut de parents; il ne pouvait les protéger contre les parents. Une pareille atteinte aux droits sacrés de la puissance paternelle était, croyait-on, de nature à saper dans ses fondements l'idée de la famille et pouvait compromettre l'existence de la société toute entière.

Cependant, l'examen des statistiques criminelles de ces dernières années était venu révéler à ces conservateurs, convaincus de la nécessité de l'autorité absolue du père de famille, un danger imminent pour la société. C'était le nombre toujours croissant des mineurs des deux sexes, arrêtés pour vagabondage, mendicité, prostitution. Elles disaient, ces mêmes statistiques, que ces enfants, poussés souvent dans le vice par leurs parents, ou abandonnés à eux-mêmes, devenaient promptement des vagabonds et formaient les futurs contingents de la prostitution et de la criminalité.

Le danger était manifeste et prochain; les lois existantes étaient impuissantes à arrêter le mal. Elles organisaient la répression, elles ne prévenaient pas. Quand un mineur de seize ans avait commis quelque délit, il était envoyé dans une maison de correction. Le remède était pire que le mal. L'enfant était entré là coupable simplement, il en sortait obstinément incorrigible.

On se décida, devant de semblables conséquences, à porter

atteinte au principe sacré de l'autorité absolue et sans contrôle du père de famille. Et, dans un sentiment égoïste de peur, on exécuta ce que les sentiments de morale et d'humanité n'avaient encore pu faire.

Il fallait enlever aux parents incapables ou indignes l'exercice de la puissance paternelle, mais cela, la loi ne le permettait pas. Les textes édictaient bien quelques limitations aux droits des père et mère, quelques suspensions momentanées de la puissance paternelle dans des cas exceptionnels et même, dans le cas seulement d'excitation habituelle de mineurs à la débauche par leurs propres parents, une véritable déchéance. Quelques dispositions postérieures à la rédaction du Code civil avaient organisé des mesures de protection en faveur des enfants exploités par les forains ou employés dans les industries, mais la sollicitude des législateurs ne s'était pas étendue au delà. En ce qui concernait les enfants délaissés, maltraités ou moralement abandonnés, tout était encore à faire. Ce fut l'œuvre de la loi du 24 juillet 1889.

Cette loi, que nous nous proposons d'étudier, a fait l'objet de nombreux projets et l'historique en est intéressant.

Le 27 janvier 1881, MM. Roussel, Bérenger, Dufaure, amiral Fourichon, Victor Schœlcher et Jules Simon présentaient au Sénat une proposition de loi, ayant pour but la protection des enfants abandonnés, délaissés ou moralement abandonnés. La même année, cette proposition était complétée par un projet de loi émanant de l'initiative gouvernementale. Le 8 décembre, en effet, M. Cazot, ministre de la Justice, déposait également sur le bureau du Sénat un projet sur la protection de l'enfance. Proposition et projet furent renvoyés devant une Commission dont les membres se livrèrent à une étude approfondie des dispositions qui leur étaient soumises. Ils procédèrent à une enquête, qui s'est étendue, non seulement à la France, mais à la plupart des pays de l'Europe et aux Etats-Unis d'Amérique. Le 25 juillet 1882, M. Théophile Roussel, au nom de la Commission, déposait sur le bureau du Sénat un magistral rapport, où sont exposés les résultats de cette enquête avec statistique et pièces à l'appui. La Commission réunit les deux propositions dont elle avait été saisie en un projet définitif de 49 articles, qui fut adopté par le Sénat le 10 juillet 1883, après de longues hésitations. Puis ce projet fut soumis à la Chambre des députés. Une Commission l'examina, l'adopta avec quelques modifications et M. Gerville-Réache rapporteur déposa son rapport sur le bureau de la Chambre le 26 mai 1884. Malheureusement, la loi ne put être discutée avant l'expiration des pouvoirs de la Chambre, mais le rapport du 26 mai 1884 fut repris par son auteur et déposé à nouveau le 13 juillet 1886. Une Commission fut nommée par la Chambre pour examiner cette proposition de loi. Mais, de son côté, le Gouvernement soumettait au Conseil d'Etat un projet tendant à régler immédiatement les dispositions relatives aux enfants maltraités ou moralement abandonnés. Ce même projet était soumis au Conseil supérieur de l'Assistance publique et présenté par la Commission qui se rallia ainsi au projet du Gouvernement. Et après toutes ces vicissitudes la loi était votée le 24 juillet 1889.

Cette loi, dont l'intitulé est conçu : Loi sur la protection des enfants maltraités ou moralement abandonnés, comprend deux titres. Le premier, subdivisé en trois chapitres, traite de la déchéance de la puissance paternelle, de l'organisation de la tutelle en cas de déchéance, de la restitution de la puissance paternelle aux parents qui en ont été privés. Le second, de la protection des mineurs placés avec ou sans l'intervention des parents, contient un appel de l'Etat à l'initiative privée pour aider au sauvetage de l'enfance moralement abandonnée. Il a pour but de permettre aux personnes charitables, aux établissements publics ou privés qui auront recueilli gratuitement des enfants, d'obtenir et de conserver l'exercice des droits de puissance paternelle.

Cette division de la loi répartit les enfants moralement abandonnés en deux classes : ceux dont les parents sont indignes et ceux dont les parents sont incapables de conserver l'éducation de leurs enfants. Pour les premiers, l'Etat intervient lui-même, car le danger est immédiat ; pour les seconds, il favorise les efforts tentés par l'initiative privée.

Lorsque les enfants appartiendront à des parents indignes les Tribunaux saisis devront ou pourront prononcer la déchéance de l'autorité paternelle. Il y a des cas où cette déchéance est obligatoire, il y en a d'autres où elle n'est que facultative. Le caractère commun à toutes les causes de déchéance obligatoire, c'est la nécessité d'une condamnation. Pas de condamnation, pas de déchéance. S'il y a eu prescription, revision ou réhabilitation, le père gardera ses droits sur son enfant. Mais une mesure de clémence comme la grâce ne pourrait évidemment empêcher la déchéance. Quant à la loi Bérenger, qui donne aux Tribunaux répressifs le pouvoir de suspendre pendant cinq ans l'exécution de la condamnation, nous pensons qu'elle empêche la déchéance, puisque la condamnation est effacée si pendant cinq ans le bénéficiaire n'a pas encouru de nouvelles peines. Cette nécessité d'une condamnation ne laisse pas que de présenter quelques inconvénients. C'est ainsi qu'au cas de réhabilitation ou d'application de la loi Bérenger, il semble que le législateur aurait dû distinguer s'il s'agissait d'infractions de nature à faire encourir la déchéance avec ou sans récidive. Certains faits entraînent la perte des droits de

famille sur les enfants par une seule condamnation ;
d'autres exigent la récidive. La réhabilitation ou la loi
Bérenger permettront à des parents fort peu intéressants,
de n'encourir la déchéance qu'à la troisième condamnation.

Une condamnation est toujours nécessaire et il faut en
outre qu'elle provienne de certains faits limitativement
énumérés dans l'article premier de la loi.

Seront déchus les parents condamnés par application du
§ 2 de l'art. 334 du Code pénal, pour avoir excité, favorisé
ou facilité la débauche de leurs propres enfants. Il semble
que cette disposition était inutile, car l'art. 335 du Code
pénal prononçait déjà la déchéance dans cette hypothèse.
Mais il faut savoir que la jurisprudence exigeait, pour l'application de ce texte, l'habitude et l'esprit de lucre et l'on
comprend à merveille que le législateur, en présence de
cette interprétation prétorienne mais absolument constante,
ait cru devoir, par une disposition formelle, obliger les
Tribunaux à prononcer la déchéance dans tous les cas. On
ne verra plus désormais les Tribunaux conserver la puissance paternelle à des parents qui ne vendaient point leurs
enfants, mais les réservaient à la satisfaction de leurs
propres passions.

Le législateur, qui estime avec raison qu'une seule condamnation suffit pour entraîner la déchéance obligatoire,
lorsque l'excitation de mineurs à la débauche a eu lieu à
l'égard des enfants du coupable, décide que deux condamnations pour le même motif, pour faits d'excitation à l'égard
d'enfants quelconques, entraîneront destitution de la puissance paternelle. Il est prudent d'enlever toute autorité sur
ses enfants à celui qui est assez dépravé pour encourager à
plusieurs reprises la débauche des mineurs de seize ans.

Seront déchus également les parents condamnés comme
auteurs, coauteurs ou complices d'un crime ou d'un délit

commis sur la personne d'un ou de plusieurs de leurs enfants. Mais, à cause de la différence de gravité entre le crime et le délit, deux condamnations pour délit seront nécessaires. Il faut qu'il y ait récidive. Ces dispositions s'appliqueront donc à ceux qui auront séquestré leur enfant, qui l'auront abandonné avant l'âge de sept ans, si, par suite de l'abandon, l'enfant est demeuré mutilé ou estropié. Il en sera de même au cas de suppression ou d'exposition d'enfant. Toutes les fois que ces faits seront de nature à entraîner une peine criminelle, la déchéance sera encourue de plein droit.

Il était juste d'enlever la puissance paternelle aux parents assez indignes pour commettre un crime ou un délit sur la personne de leur enfant. Mais les rédacteurs de la loi ont été plus loin. Ils ont appliqué la déchéance aux parents condamnés comme coauteurs ou complices d'un crime commis par leur enfant. C'est là une mesure excellente, mais incomplète. Il semble que la même mesure eût dû être édictée contre les parents qui prennent part aux délits commis par leur enfant, sauf à exiger la récidive, si la déchéance paraissait trop sévère pour une première condamnation. N'est-il pas évident que les parents qui commettent des délits avec leurs enfants, qui volent en famille et donnent à ceux qu'ils ont charge d'élever de pareils exemples, sont indignes de conserver davantage les droits que la loi leur donne sur leurs enfants.

Mais cette lacune de la loi ne doit pas être étendue et il ne faut pas oublier que les circonstances atténuantes ne transforment pas le crime en délit et que les parents condamnés, comme coauteurs ou complices d'un crime commis par leur enfant, à une peine correctionnelle par suite de l'admission de circonstances atténuantes, seront néanmoins frappés de déchéance. La correctionnalisation que le Par-

quet pourrait faire ne change point non plus la nature de
l'infraction. L'excuse légale, au contraire, transforme l'infraction, et c'est ainsi qu'au cas de provocation, les Tribunaux ne pourraient prononcer la déchéance contre le crimi-
nel excusé.

Telles sont, rapidement énumérées et examinées, les
causes de déchéance obligatoire. Ce sont des hypothèses où
l'indignité des parents est évidente et sans remède possible.
Mais à côté de ces cas, qui formeront l'infime minorité, nous
l'espérons du moins, il en est beaucoup d'autres où le législateur ne pouvait juger *a priori* et d'une façon abstraite de
l'indignité des parents, et où il était nécessaire de donner
aux Juges un pouvoir d'appréciation qui leur permît de
tenir compte des circonstances et des faits particuliers à
chacune des espèces qui leur étaient soumises. Aussi, à côté
des causes de déchéance de droit, la loi nous donne une
longue énumération des cas dans lesquels les Tribunaux
pourront prononcer la déchéance. Dans ces hypothèses, il
est à craindre que l'enfant ait de mauvais exemples, soit
maltraité ou moralement abandonné, mais il n'est point
d'ores et déjà démontré que les parents aient perdu complètement la notion des devoirs que la paternité leur impose.
Les faits qui leur sont reprochés ne sont point, comme dans
les cas de déchéance obligatoire, incompatibles avec l'ac-
complissement de ces devoirs. Il y a lieu d'examiner si tout
espoir a disparu et s'il est absolument nécessaire de prononcer la déchéance.

Pourront être déchus :

1º Les père et mère condamnés aux travaux forcés à perpétuité ou à temps, ou à la réclusion comme auteurs, coauteurs ou complices d'un crime autre qu'un crime politique.
Il s'agit de crimes de droit commun et il est nécessaire que
la gravité de l'infraction soit attestée par l'importance de la

peine. En outre, ces crimes ne doivent point être commis sur la personne de l'enfant du prévenu, sinon ce serait un cas de déchéance légale. Quand ces diverses conditions seront réunies, la déchéance sera facultative. C'est là une mesure pleine de sagesse, car il est probable, mais il n'est point certain, que des parents criminels ne peuvent donner de bons exemples à leurs enfants. Mais on peut reprocher aux rédacteurs de la loi d'avoir exigé que le crime soit puni d'une peine déterminée, car il sera impossible d'enlever la puissance paternelle aux criminels de droit commun punis pour une raison ou pour une autre d'une simple peine correctionnelle.

2° Les père et mère condamnés deux fois pour un des faits suivants : séquestration, suppression, exposition ou abandon d'enfants autres que les leurs ou pour vagabondage. Ces actes commis par les parents sur leurs propres enfants seraient une cause de déchéance obligatoire. S'il s'agit des enfants des autres, les Juges auront un pouvoir d'appréciation. Ils verront s'il n'est point dangereux de laisser l'autorité paternelle aux mains de ceux qui font preuve d'une pareille inhumanité. Et comme un fait unique de cette nature, du moins quand il n'est pas un crime et qu'il n'est point puni des travaux forcés à perpétuité, à temps ou à la réclusion, auquel cas une seule condamnation suffirait, n'est pas d'une gravité exceptionnelle, deux condamnations seront nécessaires.

3° Les père et mère condamnés par application de l'art. 2, § 2, de la loi du 23 janvier 1873 ou des art. 1, 2, 3 de la loi du 7 décembre 1874.

La loi du 23 janvier 1873 tend à réprimer l'ivresse publique et à combattre les progrès de l'alcoolisme. Elle comporte dans son système répressif une intéressante gradation. La première chute est punie d'une simple amende prononcée par le Tribunal de simple police ; au cas de récidive, le même Tribunal devra condamner le délinquant à une peine d'emprisonnement de trois jours au plus. Au cas de nouvelle récidive dans l'année, le contrevenant est traduit devant le Tribunal de police correctionnelle et puni d'un emprisonnement de 6 jours à 1 mois et d'une amende de 16 francs à 300 francs. Enfin, quiconque ayant été condamné en police, correctionnelle pour ivresse depuis moins d'un an, se sera de nouveau rendu coupable du même délit, sera condamné au moins à 6 mois de prison et 300 francs d'amende et les peines pourront même être portées au double.

C'est précisément dans cette dernière hypothèse que le législateur de 1889 estimant que l'on se trouvait en présence d'un alcoolique incorrigible, dont la conduite n'offrait à ses enfants que de mauvais exemples, a permis aux Juges de prononcer la déchéance.

. La loi du 7 décembre 1874 est relative à la protection des enfants employés dans les professions ambulantes. Aux termes de cette loi, tout individu qui fera exécuter, par des enfants de moins de 16 ans, des tours de force périlleux ou des exercices de dislocation ; tout individu autre que les père et mère, pratiquant les professions d'acrobate, saltimbanque, charlatan, montreur d'animaux ou directeur de cirque, qui emploiera dans ses représentations des enfants âgés de moins de 16 ans, sera puni d'emprisonnement, de 6 mois à 2 ans et d'une amende de 16 à 200 francs. La même peine sera applicable aux père et mère exerçant les professions ci-dessus désignées, qui emploieraient dans leurs représentations leurs enfants âgés de moins de 12 ans.

La même condamnation sera prononcée contre les pères et mères, tuteurs ou patrons qui auront livré, soit gratuitement, soit à prix d'argent, leurs enfants, pupilles ou apprentis, âgés de moins de 16 ans, aux individus exerçant les professions ci-dessus spécifiées, ou qui les auront placés sous la conduite de vagabonds, de gens sans aveu ou faisant métier de la mendicité.

En outre, en ce cas, aux termes de la loi du 7 décembre 1874, les père et mère pouvaient être privés des droits de la puissance paternelle. La même déchéance pouvait également être prononcée en outre des peines prévues par l'art. 276 du Code pénal contre le père qui employait ses enfants âgés de moins de 16 ans, soit ouvertement, soit sous l'apparence d'une profession, à la mendicité habituelle.

La loi du 24 juillet 1889 est venue compléter les dispositions de la loi de 1874. Pourront être déchus, non seulement les parents qui livreront leurs enfants à des saltimbanques ou des gens sans aveu, qui les emploieront à la mendicité, mais aussi, et c'est là l'innovation de la loi de 1889, les parents qui commettront le même délit sur des enfants qui ne leur appartiendront pas, ou qui emploieront dans leurs représentations foraines, leurs enfants, âgés de moins de 12 ans.

4° Seront déchus facultativement les père et mère condamnés une première fois pour excitation habituelle de mineurs à la débauche. Nous avons déjà vu que les père et mère condamnés deux fois pour ce motif seront déchus obligatoirement. Mais dès la première condamnation les Tribunaux, pourront, s'ils le croient nécessaire, prononcer la destitution.

5° Les père et mère dont les enfants ont été conduits dans une maison de correction par application de l'article 66 du Code pénal. On sait que les mineurs de 16 ans, traduits devant une juridiction répressive, mais acquittés comme ayant agi sans discernement peuvent néanmoins être conduits dans une maison de correction pendant tel nombre d'années que le jugement déterminera. Mais la durée de l'internement ne peut excéder l'époque où l'enfant aura accompli sa vingtième année. Cette disposition du Code pénal permettait aux Tribunaux de soustraire à l'influence néfaste de leurs parents les enfants amenés devant eux. Cependant, c'était insuffisant. Certains Tribunaux s'obstinaient, en effet, à voir dans dans cette disposition une véritable peine et, en conséquence, proportionnaient la durée de l'internement à la gravité de l'infraction. L'enfant qui sortait de la maison de correction après une durée de temps assez courte retombait sous la puissance paternelle et tout le bénéfice, bénéfice bien incertain, qu'il avait pu retirer de son séjour loin de sa famille dans un établissement de redressement moral, était bientôt perdu. Déjà, au début de l'année 1889, une circulaire du Garde des Sceaux avait invité les magistrats à prolonger en tous cas la détention jusqu'à 20 ans révolus, mais ce n'était là qu'une circulaire et d'ailleurs, malgré cette prolongation de séjour, les jeunes détenus, avant d'être appelés sous les drapeaux passaient quelques mois dans leurs familles. Je sais bien qu'une loi du 5 août 1850, sur l'éducation et le patronage des jeunes détenus remédiait en apparence à cette situation et décidait que les jeunes détenus seraient placés, lors de leur libération, sous le patronage de l'Assistance publique. Mais il faut remarquer que ce patronage ne comportait pas de droits de tutelle et que d'ailleurs les fonds nécessaires pour appliquer cette disposition législative n'ont jamais été votés. Aussi la loi de 1889 a-t-elle donné aux juges le pouvoir de déclarer, quand ils le penseront nécessaire, la déchéance des parents dont les enfants ont été conduits dans une maison de correction. Ce sont les parents qui font le caractère de leurs enfants et habituellement les actes de ces derniers ne sont que la conséquence des conseils et des exemples qu'ils reçoivent au foyer domestique.

2

Nous avions fait remarquer en examinant les causes de déchéance obligatoire que le législateur n'avait point prononcé la déchéance contre les parents condamnés comme coauteurs ou complices d'un délit commis par un ou plusieurs de leurs enfants. Nous avions vu là un oubli regrettable. Cette lacune peut être comblée en partie à l'aide de cette disposition. Lorsque l'enfant coupable du délit aura été envoyé dans une maison de correction les parents coauteurs ou complices pourront être déchus. Mais si l'enfant reconnu pour avoir agi avec discernement est condamné, les parents ne pourront encourir de déchéance même facultative. C'est là un résultat évidemment peu conforme aux lois de la logique.

6° Le dernier cas de déchéance facultative s'applique aux père et mère qui, en dehors de toute condamnation, par leur ivrognerie habituelle, leur inconduite notoire et scandaleuse, ou par de mauvais traitements compromettent soit la santé, soit la sécurité, soit la moralité de leurs enfants. Ici, aucun besoin de condamnation, la simple constatation du fait suffit. Cette disposition dont les termes sont un peu vagues, ouvre la porte à une extension et une interprétation absolument prétoriennes. Mais on ne doit point s'en alarmer. Cela permettra aux juges de prononcer la déchéance dans des hypothèses où il serait impossible de le faire en vertu des autres dispositions de la loi. Les juges sont plutôt enclins à un respect superstitieux des droits de puissance paternelle et il n'y a pas à craindre qu'une interprétation trop large vienne porter à l'autorité des parents une atteinte véritablement abusive.

Tels sont les cas où les parents devront ou pourront être privés de la puissance paternelle. Cette déchéance ne pourra évidemment être prononcée que contre les père et mère de l'enfant. La loi parle aussi des ascendants, mais

c'est une erreur, car ils n'auront jamais que la tutelle et il y
aura lieu à la destitution organisée par le Code civil et non
à la déchéance édictée par la loi de 1889 ; d'autant mieux
que les cas de destitution comprennent les causes de
déchéance. Les rédacteurs de la loi ont obéi à une certaine
habitude de l'oreille. Dans les dispositions du Code civil,
les mots père, mère et ascendants sont presque constamment
unis et ils n'ont point voulu rompre cette harmonie familiale.

Il est intéressant d'examiner dans quelles formes la
déchéance des parents pourra être demandée et obtenue,
quelles personnes pourront agir en déchéance, quelles
seront les formalités à remplir, la juridiction compétente et
les voies de recours possibles.

L'action en déchéance peut être intentée par un ou plusieurs parents du mineur au degré de cousin germain ou à
un degré plus rapproché. Quant aux autres, le législateur a
présumé que l'affection qu'ils pouvaient avoir pour le
mineur était trop faible pour qu'il y eût lieu de leur accorder
l'action directe, mais ils pourront comme tout le monde
avertir le Ministère public à qui appartient également
l'action en déchéance. Il ne faut pas, en effet, que l'enfant
n'ait pour unique sauvegarde que l'affection de parents
plus ou moins éloignés qui, souvent, se désintéresseront de
lui. Cette action est tantôt obligatoire et tantôt facultative
pour le Ministère public. Elle est obligatoire quand il s'agit
d'une hypothèse où la déchéance étant de droit les Tribunaux répressifs ne l'auraient point prononcée en même
temps que la condamnation. Dans les autres cas, où la
déchéance n'est que facultative, il conservera sa liberté et
agira suivant sa conscience.

Les formalités à remplir pour faire prononcer la déchéance varient suivant que le Tribunal est saisi par un
parent ou par le Ministère public. Si c'est un parent, l'ac-

tion sera introduite par un mémoire présenté au Président
du Tribunal énonçant les faits et accompagné des pièces
justificatives. Communication de ce mémoire sera faite au
Ministère public qui fera procéder à une enquête sommaire
sur la situation de la famille du mineur et sur la moralité
de ses parents connus, pour que le Tribunal puisse apprécier
si parmi les parents de l'enfant, il ne s'en trouve aucun
capable de remplacer les père et mère. Cette enquête est
contradictoire et les parents seront mis en demeure de
fournir au Tribunal les observations et les oppositions
qu'ils jugeront convenables.

Le Ministère public devra toujours provoquer l'avis du
Juge de paix du canton. Puis, copie du mémoire introductif
d'instance sera notifiée aux père et mère dont la déchéance
est demandée. Le Président du Tribunal commettra un
juge pour faire le rapport à jour indiqué, et, au jour fixé, le
Tribunal siégeant en chambre du Conseil, procédera à
l'examen de l'affaire, sur le vu de la délibération du Conseil
de famille, dont la convocation est facultative pour lui, de
l'avis du Juge de paix du canton, après avoir appelé, s'il y
a lieu, les parents ou autres personnes et entendu le
Ministère public dans ses réquisitions. Le jugement sera
prononcé en audience publique et pourra être déclaré
exécutoire nonobstant opposition ou appel. Si d'ailleurs
l'enquête sommaire conduite par le Ministère public paraissait insuffisante pour éclairer la religion du Tribunal,
celui-ci pourrait ordonner une nouvelle enquête qui se ferait
en la forme ordinaire. Il pourrait même ordonner, si les
circonstances l'exigeaient que l'enquête fût faite hors de la
présence du défendeur, mais dans ce cas, son conseil
pourrait représenter l'absent. Cette disposition vise l'hypothèse où les parents du mineur feraient défaut et ce n'est
qu'une application du droit commun. Mais elle vise aussi,

je pense, l'hypothèse où le défendeur aurait une attitude
injurieuse pour le Tribunal, et le pouvoir donné aux magistrats d'exclure le défendeur de l'audience me paraît alors
excessif. Cette disposition, empruntée à la procédure suivie
en matière d'interdiction, se justifie en effet, lorsqu'on se
trouve en présence d'un irresponsable, mais dans notre
espèce, les juges ont à leur disposition le texte du Code
pénal, qui leur permet de punir les outrages commis envers
les magistrats, et il semble que, lorsqu'il s'agit d'une question aussi importante que celle de la déchéance de la puissance paternelle l'intéressé doit se défendre personnelle-
ment et non par l'intermédiaire de son conseil. Lorsque la
demande en déchéance est présentée par le Ministère
public, celui-ci doit présenter un mémoire détaillé au
Président du Tribunal, après avoir fait procéder à une
enquête préliminaire dont le procès-verbal est annexé au
mémoire. Pour le surplus, il n'y a qu'à observer les
formalités que nous venons d'indiquer. L'instance ainsi
engagée, quelle juridiction va en connaître ? Il faut voir s'il
s'agit d'une demande en déchéance formée ensuite de pour-
suites, devant une juridiction répressive, pour crimes ou
délits commis par les auteurs de l'enfant. En ce cas, les
Tribunaux répressifs prononceront les condamnations exigées par la loi de 1889, pour la déchéance, et ils pourront
statuer sur la déchéance de la puissance paternelle, pourvu
qu'ils aient été saisis régulièrement, c'est-à-dire, dans les
formes prescrites pour toute demande en déchéance. Bien
que la lettre même de la loi ne semble pas imposer aux
juridictions répressives l'obligation de statuer, le simple bon
sens oblige à distinguer. Dans les hypothèses où la
déchéance est encourue de plein droit, on ne voit aucune
bonne raison, pour les Tribunaux répressifs, de se refuser à
prononcer la déchéance. Si la déchéance est facultative ils

auront liberté complète, mais il semble qu'ils devront prononcer la déchéance, toutes les fois que la demande leur paraîtra bien fondée, afin d'éviter de nouveaux frais, et de ne pas apporter à la solution du procès des lenteurs inutiles.

Si la demande en déchéance est basée, non plus, sur une condamnation, mais sur ce fait, que les enfants ont été conduits dans une maison de correction, après acquittement, pour avoir agi sans discernement, ou sur ce motif, que les père et mère, par leur ivrognerie habituelle, leur inconduite notoire et scandaleuse, ou par de mauvais traitements, compromettent, soit la santé, soit la sécurité, soit la moralité de leurs enfants, la juridiction civile sera seule compétente. Quelle que soit la juridiction saisie, la procédure est relativement longue ; aussi, pendant l'instance en déchéance, la Chambre du Conseil peut toujours ordonner, relativement à la garde et à l'éducation des enfants, telles mesures provisoires qu'elle juge utiles, et les jugements sur cet objet seront exécutoires par provision.

Les jugements rendus, par défaut, sur l'action en déchéance, pourront être attaqués par la voie de l'opposition, dans le délai de 8 jours à partir de la notification, à la personne et dans le délai d'un an, à partir de la notification à domicile. Ce délai d'un an, pour faire opposition, accordé au père qui a abandonné son domicile, est trop long. Il ne fallait pas laisser aussi longtemps en suspens, la situation de l'enfant, alors surtout que le père ne s'en inquiète pas davantage. Si, sur l'opposition, il intervient un second jugement par défaut, ce jugement ne peut être attaqué que par la voie de l'appel. L'appel des jugements appartient aux parties et au Ministère public. Il doit être interjeté dans le délai de dix jours à compter du jugement s'il est contradictoire. Dix jours à compter du jugement et non point, selon le droit commun, à partir de la signification du jugement.

C'est afin d'abréger le plus possible la durée de la procédure. Si le jugement est rendu par défaut, les dix jours courent dès que l'opposition n'est plus recevable.

La déchéance une fois prononcée, quels vont être les effets de cette déchéance et quelles seront les personnes appelées à prendre soin de l'enfant. La puissance paternelle va disparaître d'une façon absolue avec ses attributs, le droit de garde, le droit d'éducation, le droit de correction. L'enfant n'aura plus de domicile légal chez ses parents. L'usufruit légal, le droit d'administration, celui de consentir à l'engagement militaire, de débattre un contrat d'apprentissage, de consentir au mariage, à l'adoption, à la tutelle officieuse, à l'émancipation, le droit pour le prémourant de choisir un tuteur, s'évanouiront complètement. De plus, tout individu déchu de la puissance paternelle est incapable d'être tuteur, subrogé-tuteur, curateur ou membre du conseil de famille.

Jadis, une jurisprudence prétorienne permettait aux Tribunaux de prononcer une déchéance partielle des droits attachés à la puissance paternelle. Cette jurisprudence contraire aux textes présentait de graves inconvénients, car la puissance paternelle, qui peut se résumer dans les trois attributs, droit de garde, d'éducation et de correction, est évidemment indivisible, et la bonne gestion des intérèts moraux et pécuniaires de l'enfant exige qu'ils soient concentrés dans la même main, sinon on est exposé à les voir se contrarier et s'annihiler les uns les autres. C'est ce qu'a voulu éviter le législateur de 1889, et la lettre de la loi, les travaux préparatoires, la discussion qui eut lieu à ce sujet au Conseil d'Etat, l'avis donné par le Conseil supérieur de l'Assistance publique ne permettent pas de douter de sa volonté. Néanmoins, la jurisprudence est encore divisée sur la question, mais cette division ne sera pas de longue durée, en présence du texte formel de la loi.

Mais si la déchéance de la puissance paternelle est absolue, il ne faut pas oublier qu'elle ne s'applique qu'aux droits qui découlent de cette autorité. Les droits successoraux attachés au degré de parenté et le droit à la pension alimentaire basé sur les liens du sang ne doivent pas être compris dans cette énumération.

Cette déchéance, absolue quant à ses effets, l'est aussi par rapport aux enfants soustraits à l'autorité paternelle ; nous ne verrons plus, comme cela existait dans l'art. 335 du Code pénal, les père et mère condamnés pour excitation de leurs enfants à la débauche, conserver l'autorité paternelle sur les enfants autres que leur victime. Les rédacteurs de la loi ont pensé que le père indigne de conserver la puissance paternelle sur l'un de ses enfants, l'était à l'égard de tous les autres.

Mais, si les parents déchus perdent la puissance paternelle, à qui va-t-on confier l'enfant ?

Si le père et la mère vivent ensemble, il semble que l'autorité paternelle enlevée au père, qui en avait seul l'exercice, devra appartenir à la mère, qui en a la jouissance aussi bien que le père, et qui peut le remplacer au cas où celui-ci ne peut l'exercer pour une raison ou pour une autre. Mais on comprend qu'une pareille décision rendrait le plus souvent illusoire la déchéance prononcée contre le mari, et qu'en réalité, la puissance paternelle continuerait à lui appartenir. Aussi la loi de 1889 oblige-t-elle les Tribunaux à examiner s'il convient de laisser à la mère l'exercice de l'autorité paternelle, et les juges, en prononçant la déchéance, devront statuer formellement sur ce point, que cette déchéance soit édictée par des Tribunaux répressifs ou par le Tribunal civil. Il faut remarquer cependant que les Tribunaux répressifs ne seront point forcés de statuer, car les questions civiles ne sont pas de leur compétence ordinairé, mais en ce cas, le Ministère public ou les parents à qui appartient l'action en déchéance, saisiront sans délai la juridiction civile, qui décidera si, dans l'intérêt de l'enfant, la mère exercera les droits de la puissance paternelle. La juridiction compétente sera la Chambre du Conseil et la procédure sera la même que s'il s'agissait de poursuivre la déchéance contre la mère. Si la déchéance est prononcée par la juridiction civile, le Tribunal qui la prononce statue par le même jugement sur les droits de la mère.

Mais que décider si les parents, étant divorcés ou séparés et la garde des enfants confiée au père, celui-ci encourt la déchéance? Les Tribunaux pourront-ils, comme dans l'hypothèse de vie commune, après un simple examen, enlever à la mère l'autorité paternelle, pour la confier à une tierce personne, ou ne faudra-t-il pas, pour cela, poursuivre contre la mère une action régulière en déchéance, basée sur les hypothèses énumérées par la loi de 1889.

Cette question est intéressante, car de sa solution dépend évidemment le sort de la mère. Si les Tribunaux peuvent, comme dans l'hypothèse où les époux vivent ensemble, enlever la puissance paternelle à la mère après un simple examen, on comprend que, par le fait seul que la garde des enfants lui a déjà été enlevée, elle sera certainement privée de la puissance paternelle. Si, au contraire, il est nécessaire d'intenter contre elle une action en déchéance, elle sera investie de l'autorité paternelle toutes les fois qu'elle ne sera pas dans un des cas prévus par la loi. A notre avis, le droit accordé aux Tribunaux d'écarter la mère de la puissance paternelle après simple examen de la situation a eu pour but d'enlever au père déchu l'exercice occulte de la puissance paternelle. C'est du reste ce qui résulte des débats parlementaires. Or, cet inconvénient n'existant plus dans notre hypothèse, il semble que l'on doive revenir au droit commun.

C'est en faisant application du même principe que nous déciderions que la mère non déchue régulièrement mais simplement écartée de la puissance paternelle par suite de la communauté d'existence avec son mari, reprendra l'exercice de cette puissance après le décès de celui-ci.

Si le père, veuf et déchu de la puissance paternelle, vient à contracter un nouveau mariage, il sera privé de la puissance paternelle aussi bien sur les enfants du second lit que sur ceux du premier. La déchéance est absolue et les enfants issus du second mariage seront, eux aussi, en tutelle. Néanmoins la situation de la seconde femme étant digne d'intérêt, le législateur décide que la nouvelle femme peut, en cas de survenance d'enfants, demander au Tribunal l'attribution de la puissance paternelle sur ces enfants. Le Tribunal appréciera s'il n'y a pas danger pour eux à demeurer sous la puissance de la mère vivant avec un homme déchu auparavant de la puissance paternelle.

Les Tribunaux, après avoir prononcé la déchéance du père, peuvent donc attribuer la puissance paternelle à la mère, mais ils n'y sont point obligés. D'ailleurs, la mère peut être déchue ou prédécédée. Qu'arrivera-t-il donc au cas où la mère ne sera point investie de la puissance paternelle? L'article 10 nous le dit : « Si la mère est prédécédée, « si elle a été déclarée déchue ou si l'exercice de la puis - « sance paternelle ne lui est pas attribué, le Tribunal « décide si la tutelle sera constituée dans les termes du « droit commun. » Mais comme il s'agit là d'enfants qui, bien qu'abandonnés, ont cependant leurs parents, il n'y a pas obligation pour la personne désignée d'accepter cette charge, seulement pour en faciliter l'acceptation, la loi la rend moins lourde. Plus d'hypothèque légale. « Les tuteurs

institués en vertu de la présente loi remplissent leurs fonc-
« tions sans que leurs biens soient grevés de l'hypothèque
« légale du mineur. » Cependant, comme parfois il serait
imprudent de laisser ainsi aux mains du tuteur l'administration des biens du mineur sans aucune garantie, le
Tribunal peut, au cas où le mineur possède ou est appelé à
recueillir des biens, ordonner qu'une hypothèque générale
ou spéciale soit constituée jusqu'à concurrence d'une somme
déterminée. Le crédit du tuteur ne sera atteint que dans la
mesure nécessaire pour sauvegarder les intérêts pécuniaires
du pupille.

Cette tutelle constituée dans les termes du droit commun
a l'avantage d'être confiée à des ascendants, collatéraux ou
amis du mineur. Mais il se peut qu'une personne porte au
mineur un intérêt tout particulier. C'est là une affection pré-
cieuse et dont la loi profite dans l'intérêt de l'enfant en orga-
nisant une tutelle officieuse dégagée de toutes les conditions
de la tutelle officieuse ordinaire. Pendant l'instance en déchéance toute personne peut s'adresser au Tribunal par voie
de requête afin d'obtenir que l'enfant lui soit confié. Mais
elle s'oblige à le nourrir, l'élever et le mettre en état de
gagner sa vie. Si le Tribunal, après avoir recueilli tous les
renseignements et pris, s'il y a lieu, l'avis du conseil de famille
accueille la demande, l'administration des intérêts pécuniaires et moraux du mineur passera à cette personne qui,
comme le tuteur officieux, sera obligée de rendre compte de
l'administration des biens de l'enfant et ne pourra imputer
les dépenses de l'éducation sur les revenus du pupille.

Au cas où la tutelle ordinaire n'aurait pu être constituée
et où il ne se serait point présenté de tuteur officieux l'enfant sera remis à l'Assistance publique qui se chargera
d'exercer la tutelle. L'enfant dont les parents ont été déchus
et qui ne trouve aucune protection auprès des siens, ascen-

dants ou collatéraux, devient un véritable orphelin et il rentre dans la catégorie des enfants assistés. Aussi son sort sera-t-il régi par les dispositions qui constituent la législation des enfants assistés, les lois des 15 pluviôse an XIII et du 10 janvier 1849. D'ailleurs, l'Assistance publique peut remettre les enfants à d'autres établissements, Sociétés de bienfaisance, orphelinats et même à des particuliers qui consentiraient à se charger des mineurs. Mais la tutelle demeure toujours à l'Assistance publique. C'est là une disposition très sage. Les enfants trouveront ainsi des soins qu'on ne peut raisonnablement attendre d'une Administration publique, mais d'autre part, ils ne seront point abandonnés complètement et le jour où ils seront renvoyés par ceux à qui ils ont été confiés, ils reviendront à l'Assistance publique.

C'est ainsi qu'aussitôt la déchéance prononcée, l'enfant est pourvu d'un tuteur chargé de veiller à ses intérêts moraux et pécuniaires. Mais s'il ne convient pas de laisser à des parents indignes l'autorité parternelle sur leurs enfants, il est juste de les forcer à remplir leurs obligations naturelles. Aussi le Tribunal devra-t-il formellement, en prononçant sur la tutelle, fixer le montant de la pension qui devra être payée par les parents, auxquels des aliments peuvent être réclamés, ou déclarer qu'à raison de l'indigence des parents, il ne peut être exigé aucune pension.

S'il est nécessaire de priver de la puissance paternelle les parents indignes de l'exercer, il ne faut point cependant que cette déchéance soit définitive. Fondée sur la mauvaise conduite des parents, elle doit disparaître quand ceux-ci seront revenus d'une façon sérieuse à de meilleurs sentiments.

La loi de 1889 prévoit donc les cas dans lesquels les parents déchus pourront se faire restituer l'autorité paternelle. Il y avait un double écueil à éviter. Il ne fallait pas que la situation de l'enfant fût remise continuellement en cause, mais il ne fallait pas non plus priver de la puissance paternelle les parents dont la bonne conduite paraît à l'avenir assurée. Le législateur de 1889 a pris, je crois, le juste milieu. Les parents déchus pourront demander la restitution de la puissance paternelle, lorsque certains faits viendront faire présumer de leur repentir.

Les père et mère frappés de déchéance à la suite d'une condamnation encourue pour crimes ou délits ne seront admis à se faire restituer qu'après avoir obtenu leur réhabilitation. Les père et mère privés de la puissance paternelle sans qu'aucune condamnation ait été prononcée contre eux ne pourront demander la restitution que trois ans après le jour où le jugement qui a prononcé la déchéance est devenue irrévocable. La réhabilitation obtenue dans les cas les plus graves, une bonne conduite prolongée pendant trois ans, dans les hypothèses où il n'y a pas eu de condamnation, telles sont les conditions préliminaires de toute demande en restitution.

Cette demande introduite sans frais par simple requête, et instruite dans les formes déjà exposées à propos de la procédure de la demande en déchéance, est examinée par le Tribunal avec le plus grand soin. La Chambre du Conseil statuera, après enquête du Ministère public, rapport du juge-commissaire sur le vu de l'avis du juge de paix et de la délibération du conseil de famille qui, facultative dans l'action en déchéance, est obligatoire dans les instances en restitution. Le Tribunal ne statuera donc qu'après s'être entouré des renseignements les plus précis. En outre, la demande sera notifiée au tuteur, qui pourra présenter, dans l'intérêt de l'enfant ou en son nom personnel, les observations et oppositions qu'il jugera convenables. Les délais, soit pour l'opposition, soit pour l'appel, sont les mêmes que ceux indiqués pour l'action en déchéance. Il y avait la même raison pour les abréger ; il fallait que la situation du mineur restât le moins longtemps possible en suspens.

Si le Tribunal prononce la restitution, les père et mère frappés de déchéance, reprendront la jouissance de tous les droits attachés à la puissance paternelle ; mais, comme il est juste de dédommager le tuteur des frais, que la garde, l'entretien et l'éducation du mineur ont pu lui causer, les juges devront fixer suivant les circonstances, l'indemnité due au tuteur, ou déclarer qu'à raison de l'indigence des parents il ne sera alloué aucune indemnité. De même que dans les instances en déchéance, le dispositif des jugements sur une demande en restitution, devra toujours statuer sur ce point. Les parents dispensés de fournir une pension, lors du jugement de déchéance, pourront, s'ils sont revenus à meilleure fortune, être contraints d'indemniser le tuteur, lorsque la restitution sera prononcée.

Si le Tribunal et la Cour rejettent la demande en restitution elle ne pourra plus être réintroduite. Cette disposition qui semble à première vue d'une sévérité excessive était nécessaire. L'intérêt du mineur exige que sa situation ne soit pas continuellement en suspens. Il ne faut pas que la tutelle et l'administration pécuniaire et morale qui en est la conséquence aient un caractère provisoire. Seule, la mère pourra former une autre demande après la dissolution du mariage. L'action a pu être intentée durant le mariage, par le mari, d'une façon prématurée, et il ne faut pas qu'elle supporte les conséquences d'une faute, que les principes de l'autorité maritale lui rendaient impossible d'empêcher.

Nous venons d'examiner le titre premier de la loi, et nous allons passer à l'étude du titre deuxième, intitulé : De la protection des mineurs placés avec ou sans l'intervention des parents. Il a pour but de protéger, non plus comme le titre précédent, les enfants de parents indignes, mais les enfants de parents incapables. Ces mineurs qui forment évidemment la plus grande partie de ceux, que la loi classe dans la catégorie des enfants moralement abandonnés, appartiennent à des parents qui, par négligence, misère, maladie, ne peuvent ou ne veulent pas s'en occuper. Ces enfants, ainsi abandonnés à eux-mêmes, ne tarderaient pas à devenir des vagabonds d'abord, des criminels ensuite. C'était là un danger social auquel, tant par humanité, que par utilité le législateur devait se préoccuper d'apporter un remède.

Avant la loi de 1889, les particuliers, les établissements charitables pouvaient recueillir ces enfants errants, leur faire donner une éducation morale et les connaissances pratiques utiles pour gagner leur vie. Mais la loi ne sanctionnant pas le contrat par lequel les parents renonçaient à la puissance paternelle, au profit d'une tierce personne, il s'ensuivait que quelles que fussent les précautions prises, ces établissements charitables étaient exposés à voir les parents réclamer leurs enfants dès qu'ils étaient en âge et en mesure de leur rendre quelques services. Et bientôt tous les bons enseignements reçus par ces enfants étaient perdus; ils retombaient dans le vice et le vagabondage.

La loi de 1889 a, dans son titre II, autorisé la délégation de la puissance paternelle.

Désormais les particuliers ou les établissements charitables, qui auront recueilli des mineurs de 16 ans abandonnés par leurs parents, n'auront plus à redouter ces réclamations. L'Etat interviendra pour sauvegarder les intérêts de l'enfant et lui servir de père. Il déléguera à l'Assistance publique les droits de puissance paternelle et en remettra l'exercice à l'établissement ou au particulier gardien de l'enfant.

Nous allons étudier maintenant comment ce transfert de puissance peut avoir lieu et au profit de qui l'Etat peut déléguer l'exercice de cette autorité. Deux hypothèses sont prévues par la loi suivant qu'il s'agit de mineurs placés avec ou sans l'intervention des parents.

Première hypothèse. — Lorsque des administrations d'assistance publique, des associations de bienfaisance régulièrement autorisées à cet effet, des particuliers jouissant de leurs droits civils ont accepté la charge des mineurs de 16 ans que des pères, mères ou tuteurs autorisés par le conseil de famille leur ont confiés, le Tribunal du domicile de ces pères, mères ou tuteurs, peut, à la requête des parties intéressées agissant conjointement, décider qu'il y a lieu, dans l'intérêt de l'enfant, de déléguer à l'Assistance publique les droits de puissance paternelle abandonnés par les parents et de remettre l'exercice de ces droits à l'établissement ou au particulier gardien de l'enfant. Les parents incapables d'élever leur enfant, en ont confié la garde et l'éducation à un établissement charitable ou à un particulier, mais ils veulent faire une délégation régulière de la puissance paternelle ; ils pourront, soit seuls, soit conjointement avec les gardiens de l'enfant, dans le cas où ceux-ci sont dans les conditions exigées pour être investis par la justice de la garde de l'enfant, s'adresser au Président du Tribunal par simple requête visée pour timbre et enregistrée gratis. Après avoir appelé les parents ou tuteurs, en présence des particuliers ou des représentants réguliers de l'Administration ou de l'établissement gardien de l'enfant, ainsi que du représentant de l'Assistance publique, le Tribunal procède à l'examen de l'affaire en Chambre du Conseil, le Ministère public entendu. Le jugement prononcé en audience publique, délègue ou non les droits de puissance paternelle abandonnés par les parents à l'Assistance publique et décide, au cas de délégation, s'il y a lieu de remettre l'exercice de ces droits à l'établissement ou au particulier gardien de l'enfant. Il faut, en effet, que le gardien de l'enfant remplisse certaines conditions. Les associations de bienfaisance doivent être munies d'une autorisation délivrée par le Ministre de l'intérieur, les autorisant spécialement à recueillir les enfants abandonnés par leurs parents. La reconnaissance d'utilité publique ne serait point suffisante. Quant aux particuliers, ils doivent jouir de leurs droits civils. Les administrations d'assistance publique n'auront besoin d'aucune autorisation, car elles appartiennent à l'Etat ou sont sous sa surveillance.

Si le Tribunal refuse de déléguer à l'assistance publique les droits de puissance paternelle et estime qu'il y a lieu, dans l'intérêt de l'enfant, de conserver aux parents l'autorité dont ils veulent se débarrasser, tout demeurera dans le *statu quo*, les parents pourront laisser leur enfant chez son gardien ou l'en retirer selon leur volonté. C'est la situation qui existait antérieurement à la loi de 1889; si la délégation a lieu, l'Assistance publique est investie de tous les droits de la puissance paternelle, sauf du droit de consentir au mariage des enfants, lorsque les parents qui ont conservé ce droit refusent leur consentement, en vertu de l'art. 148 du Code civil. L'Assistance publique peut, en ce cas, citer les parents devant le Tribunal, qui donne ou refuse le consentement, les parents entendus ou dûment appelés, dans la Chambre du Conseil.

L'effet de la délégation est donc absolu. Mais il faut pour cela qu'elle soit faite par le père et la mère de l'enfant. La cession faite par la mère seule n'aurait aucune valeur légale et celle émanant du père seul ne pourrait priver la mère des droits de puissance paternelle qui lui appartiennent pendant le mariage.

L'Assistance publique a l'autorité paternelle, mais le Tribunal en a délégué l'exercice au gardien de l'enfant. Quelles seront les conséquences de cette séparation de la puissance et de l'exercice de cette puissance? Qui administrera les biens de l'enfant? Qui exercera le droit de correction? Qui sera responsable des délits ou des quasi-délits commis par le pupille? Evidemment le droit d'administration, le droit de correction devront appartenir au gardien de l'enfant, mais sous le contrôle de l'Assistance publique. Quant à la responsabilité civile, elle incombe à ceux qui ont la garde et la surveillance de l'enfant, sauf à prouver qu'ils n'ont pu empêcher le fait qui a donné lieu à cette responsabilité.

Deuxième hypothèse. — Nous venons de voir comment la loi sanctionne l'abandon consenti par les parents de la puissance paternelle, nous allons examiner maintenant les mesures prises par le législateur, en ce qui concerne les enfants placés chez des tiers sans l'intervention des parents. Ce sont des vagabonds, des enfants abandonnés par les parents qui s'en désintéressent. Avant la loi de 1889 ces enfants pouvaient être recueillis par des établissements charitables, mais les parents pouvaient venir les réclamer et ils n'y manquaient point dès que l'enfant pouvait leur servir, par son travail quelquefois, par la mendicité et la débauche le plus souvent. On comprend aisément que cette situation n'encourageait point les établissements de bienfaisance ou les personnes charitables à prendre à leur charge l'éducation de ces enfants. Aussi, la plupart, abanbonnés à eux-mêmes, se livraient au vagabondage jusqu'au jour où ils étaient envoyés dans une maison de correction. La loi de 1889 est venue améliorer cette situation, en permettant à ceux qui ont recueilli l'enfant, d'obtenir l'exercice de tout ou partie des droits de la puissance paternelle.

Lorsque des administrations d'assistance publique, des associations de bienfaisance régulièrement autorisées à cet effet, des particuliers jouissant de leurs droits civils ont recueilli des enfants mineurs de seize ans sans l'intervention des père et mère ou tuteur, une déclaration doit être faite, dans les trois jours, au maire de la commune sur le territoire de laquelle l'enfant a été recueilli, et à Paris, au commissaire de police, à peine d'une amende de 5 à 15 fr. Cette déclaration permet à l'autorité compétente de se rendre compte de la nature et de la moralité de l'établissement qui a recueilli l'enfant. Il faut éviter l'exploitation de l'enfance. En cas de nouvelle infraction dans les douze mois, la peine sera de cinq jours de prison, sauf application de l'art. 463 du Code pénal sur les circonstances atténuantes. Cette déclaration doit être transmise par les maires et les commissaires de police dans le délai de quinzaine au préfet et dans le département de la Seine au Préfet de police. Dans un nouveau délai de quinzaine ces déclarations sont notifiées aux parents de l'enfant sauf à faire ces notifications à la mairie du dernier domicile connu. Si les parents de l'enfant sont sans domicile ni résidence connus, et si aucun domicile n'est connu, au Parquet du procureur de la République dans l'arrondissement duquel l'enfant a été recueilli. Si les parents ainsi avertis n'ont point réclamé leur enfant, dans les trois mois à dater de la déclaration faite par ceux qui l'ont recueilli, ou selon nous, à dater de la notification de cette déclaration, puisque la négligence de l'Administration pourrait faire courir le délai sans qu'ils fussent avertis, le particulier ou les établissements gardiens peuvent adresser au Président du Tribunal de leur domicile, une requête visée pour timbre et enregistrée gratis, afin d'obtenir que, dans l'intérêt de l'enfant, l'exercice de tout ou partie des droits de la puissance paternelle leur soit confié.

Le Tribunal ainsi saisi procède à l'examen de l'affaire en Chambre du Conseil, le Ministère public entendu, le jugement rendu en Chambre du Conseil peut maintenir la puissance aux parents, mais il peut également la leur enlever. Si le Tribunal ne confère au requérant qu'une partie des droits de la puissance paternelle, il déclare par le même jugement, que les autres droits ainsi que la puissance paternelle sont dévolus à l'Assistance publique. Le législateur autorise donc dans cette hypothèse, contrairement à ce que nous avons vu jusqu'ici, le Tribunal à faire un départ entre les droits dont l'exercice demeurera entre les mains de l'Assistance publique et ceux qui seront dévolus aux établissements ou aux particuliers qui auront recueilli l'enfant. C'est là une solution excellente et qui aurait dû être étendue à toutes les autres hypothèses, délégation ou déchéance de la puissance paternelle.

Telles sont les deux hypothèses où la puissance paternelle peut être enlevée aux parents pour cause d'incapacité. Mais comme pour la déchéance encourue pour cause d'ingnité, les parents incapables peuvent obtenir la restitution de la puissance paternelle. Les père et mère ou tuteur qui veulent que l'enfant leur soit rendu, s'adressent au Tribunal de la résidence de l'enfant par voie de requête, visée pour timbre et enregistrée gratis. Après avoir appelé celui auquel l'enfant a été confié et le représentant de l'Assistance publique, ainsi que toute personne qu'il juge utile, le Tribunal procède à l'examen de l'affaire en Chambre du Conseil, le Ministère public entendu. Le jugement est prononcé en audience publique. Si le Tribunal estime qu'il n'y a pas lieu de rendre l'enfant aux père et mère ou tuteur, il peut, sur la réquisition du Ministère public, prononcer la déchéance de la puissance paternelle au cas où les parents seraient indignes, ou bien maintenir à l'établissement ou au particulier gardien, les droits qui lui ont été conférés.

Si le Tribunal prononce la déchéance, il devra observer toutes les règles de fond ou de procédure indiquées dans le titre 1ᵉʳ de la loi relatif à la déchéance de la puissance paternelle. Nous ne sommes plus dans le cas d'incapacité mais dans celui d'indignité. Il n'y aura plus une simple suspension de fait de la puissance paternelle, il y aura une véritable déchéance et la tutelle devra être organisée conformément aux principes que nous avons déjà indiqués. Il en sera de même pour la restitution.

Le Tribunal peut simplement maintenir les droits conférés à ceux qui avaient recueilli l'enfant. En ce cas le *statu quo* est maintenu, mais la demande qui a été rejetée ne peut plus être renouvelée que trois ans après le jour où la décision de rejet est devenue irrévocable. Il ne faut pas que l'on puisse remettre continuellement en question le point de savoir à qui appartiendra l'exercice de la puissance paternelle. Aussi malgré le silence de la loi, j'estime, par similitude de motifs, que cette décision de rejet deviendra irrévocable, dans les mêmes délais que la décision de rejet, au cas de déchéance, c'est-à-dire dans des délais plus courts que ceux du droit commun. L'opposition sera recevable dans le délai de huit jours à partir de la notification à personne et d'un an à partir de la notification à domicile. L'appel doit être interjeté dans les dix jours du jugement s'il est contradictoire et s'il est rendu par défaut, du jour où l'opposition n'est plus recevable.

Le Tribunal peut aussi restituer l'enfant à ses parents. En cas de remise de l'enfant il fixe l'indemnité due à celui qui en a eu la charge ou déclare qu'à raison de l'indigence des parents il ne sera alloué aucune indemnité. Il ne faut pas que les parents qui peuvent subvenir aux besoins de leur enfant se dérobent à l'obligation alimentaire; mais il ne faut pas non plus refuser aux parents la restitution, parce qu'ils ne peuvent payer les dépenses occasionnées par leur enfant.

La prérogative de l'Etat à qui la puissance paternelle est déférée implique manifestement la surveillance par lui des enfants moralement abandonnés. Aussi les mineurs confiés à des particuliers ou à des associations de bienfaisance, seront-ils sous la surveillance de l'Etat représenté par le Préfet du département et par l'Assistance publique. Un décret déterminera le mode de fonctionnement de ce contrôle et des sanctions pénales, relativement sévères, amende de vingt-cinq à mille francs et en cas de récidive, emprisonnement de huit jours à un mois, en garantissent d'avance l'exécution.

Si le préfet ou le représentant de l'Assistance publique du département de la résidence de l'enfant, confié à un particulier ou à une association de bienfaisance, pensent que le mineur a été placé dans des conditions mauvaises, ils pourront toujours se pourvoir devant le Tribunal civil de cette résidence, afin d'obtenir, dans l'intérêt du pupille, que le particulier ou l'association soit dessaisi de tout droit sur ce dernier, et qu'il soit confié à l'Assistance publique. Les parents entendus ou dûment appelés dans cette instance, introduite par une requête sans frais le Tribunal statue et décide si l'enfant sera maintenu dans le placement incriminé ou sera confié à l'Assistance publique.

Cette décision du Tribunal pourra être frappée d'appel soit par le préfet ou le représentant de l'Assistance publique, soit par le particulier ou l'établissement gardien de l'enfant et par les parents. Mais cet appel n'est pas suspensif. Il ne faut pas que l'enfant demeure aux mains d'un gardien indigne plus longtemps.

Ce qu'il importe de remarquer, c'est que l'intervention de l'autorité judiciaire est indispensable. Il importe que les particuliers et les établissements gardiens ne puissent jamais penser qu'ils sont à la merci de l'Administration. L'Administration en dehors de son droit de contrôle n'a qu'un droit d'action. La décision est réservée au juge. Les droits du mineur ainsi que ceux des associations et des particuliers, sont confiés à la protection des juges dont l'intervention ne laissera aucune place à l'arbitraire. Le contrôle préviendra, l'action réprimera l'exploitation de l'enfant. L'intervention de la justice rassurera l'initiative privée.

Les représentants de l'Assistance publique, chargés d'assurer l'exécution de la loi de 1889, seront les inspecteurs départementaux des enfants assistés, et à Paris, le directeur de l'administration générale de l'Assistance publique. Ce sont eux qui exerceront la tutelle sur les enfants moralement abandonnés, lorsque cette tutelle aura été confiée à l'Assistance publique. C'est là une différence avec la tutelle des enfants assistés qui, aux termes de la loi du 15 pluviôse an XIII, est déléguée aux Hospices dépositaires des enfants. Cette réforme se justifie d'autant mieux que les Hospices ne sont appelés à faire aucun sacrifice en ce qui concerne le service des enfants moralement abandonnés. En outre, la responsabilité des Commissions est trop divisée, pour que cette tutelle soit sérieusement exercée. Pour cette tâche, il faut un fonctionnaire unique et responsable. D'ailleurs, en fait, presque partout dans le service des enfants assistés, les Commissions hospitalières se sont déchargées sur les inspecteurs du fardeau de la tutelle et il est probable que bientôt une réforme législative consacrera ce qui existe déjà en fait.

En ce qui concerne le département de la Seine, il y a identité complète, entre la situation des enfants moralement abandonnés et celle des enfants assistés : pour les uns et les autres, la tutelle appartient au Directeur et à l'Assistance publique de Paris.

On voit donc qu'en réalité, le législateur n'a pas eu à créer, pour les enfants visés par la loi de 1889, un nouveau service. Il n'a fait qu'utiliser ce qui existait déjà. A défaut du concours de personnes ou d'associations charitables, les enfants soustraits par application de la loi à leur famille seront recueillis dans le service des enfants assistés.

Mais on comprend que les dépenses de ce service, seront valablement accrues par ce surcroît de charges, qui ne constituent point pour le département une dépense obligatoire, et que l'Etat devait encourager les départements à faire des sacrifices pécuniaires, en faveur de cette catégorie d'enfants, par des sacrifices réciproques. Dans les départements où le Conseil général se sera engagé à assimiler pour la dépense, les enfants moralement abandonnés, aux enfants assistés, la subvention de l'Etat sera portée au 1/5 des dépenses tant extérieures qu'intérieures des deux services, et le contingent des communes constituera pour celle-ci une dépense obligatoire conformément à l'art. 136 de la loi du 3 avril 1884. L'économie financière du service des enfants assistés, comprend des dépenses d'inspection et surveillance entièrement à la charge de l'Etat; des dépenses intérieures qui, d'après la classification adoptée par la loi de 1869, ne comprennent que les frais occasionnés par le séjour des enfants à l'hospice et pour lesquelles l'Etat paye une subvention égale au cinquième; des dépenses extérieures comprenant toutes les autres dépenses et pour lesquelles les communes acquittent un contingent réglé chaque année par le Conseil général et qui ne peut excéder le cinquième. En définitive, les 4/5 des dépenses tant extérieures qu'intérieures incombent aux départements. Pour encourager les

départements à assurer la protection des enfants-morale-
ment abandonnés par la création du nouveau service, le
législateur décide que la subvention de l'Etat, au cas où ce
service sera créé, sera portée au cinquième des dépenses
tant intérieures qu'extérieures des deux services.

L'Etat n'a donc pas hésité à donner son appui financier
pour encourager les départements à venir au secours des
enfants moralement abandonnés. Et, cependant si nous nous
demandons d'une manière générale, quel a été le résultat de
la réforme accomplie en 1889, au risque de paraître porter
un jugement prématuré ou inconsidéré, nous ne craignons
point de dire que cette réforme n'a pas eu l'importance
qu'elle devait avoir. Malgré l'absence de documents officiels
on peut affirmer que les applications de la loi ont été, somme
toute, très peu nombreuses. Ainsi, dans le département de
la Seine, où le service des enfants délaissés et moralement
abandonnés fonctionne depuis longtemps et beaucoup mieux
qu'ailleurs, le nombre des mineurs recueillis pendant
l'année 1890 à la suite de décisions judiciaires prononçant
la déchéance de la puissance paternelle ou dessaisissant
les parents d'une partie de leurs droits n'excède pas
soixante. Ce nombre lui-même comprend 16 cas de déchéance, 17 de dessaisissement avec intervention des
parents et 28 sans cette intervention. Il suffit d'ailleurs de
regarder autour de soi pour constater qu'il y a toujours
autant qu'autrefois, dans les grandes villes, d'enfants
abandonnés aux hasards de la rue et publiquement exploités
par les parents ou par des étrangers. Et à côté de ces
misères étalées au grand jour, combien de douleurs cachées,
de petits martyrs inconnus livrés sans défense aux cruautés
de parents dénaturés !

Sans doute, on ne peut se faire l'illusion de croire qu'une
loi suffit à guérir de pareilles plaies. Il sera permis de

3*

regretter cependant que celle qui a été votée chez nous soit à la fois trop compliquée et trop timide. Il faut toujours à la pratique un certain temps pour comprendre et pour accepter les lois nouvelles, mais il y a plus : lorsqu'elle n'est pas sollicitée par un intérêt considérable et qu'elle est rebutée par des distinctions trop nombreuses, des dispositions trop longues et embrouillées, des énumérations interminables, elle se résigne aisément à tout ignorer. Beaucoup de textes restent ainsi inappliqués, parce qu'on ne les connaît pas suffisamment et qu'on les oublie. Peut-être aussi eût-il fallu étendre davantage le droit de demander la déchéance : le Ministère public a déjà trop d'attributions en matière civile pour qu'elles puissent être utilement augmentées ; son action ne peut être fréquente parce qu'elle éveille des susceptibilités très grandes et que les magistrats eux-mêmes redoutent de paraître exercer une sorte de surveillance sur la vie privée des citoyens. L'Angleterre, dans une loi votée, presque en même temps que la nôtre, le 26 août 1889, admet que toute personne peut s'adresser à la justice pour demander qu'un enfant soit soustrait à la garde de ceux qui ont abusé de leurs droits.

Au reste, et c'est par là que je termine, toute mesure législative, quelle qu'elle soit, ne peut avoir en cette matière qu'une influence très limitée. Elle peut permettre de faire le bien, mais n'en peut faire beaucoup par elle-même. Le succès dépend ici du concours de tous. Pour que de pareilles réformes soient possibles, il importe que chacun se sente responsable du mal dont on se plaint et contribue par son argent, son initiative et sa bonne volonté, à cette œuvre de protection de l'enfance, qu'on ne peut abandonner sans honte et sans danger.

Lyon. — Impr. P. Mougin-Rusand, rue Stella, 3.

9 782014 042658